AF358574

NOUVELLE COLLEC..

DES

DOCUMENTS

POUR SERVIR

A L'HISTOIRE DE NOS MŒURS

Cette collection nouvelle, publiée par LORÉDAN LARCHEY, est également composée de documents originaux dont le texte est scrupuleusement respecté.

Il est mis en vente quatre cents exemplaires de chaque publication.

On peut se procurer les dernières plaquettes de l'ancienne collection, à la librairie Rouquette, 85, passage Choiseul.

IMPRIMÉ EN MARS 1874

PAR L'IMPRIMERIE MODERNE (BARTHIER, Dr).

DOCUMENTS

POUR SERVIR A L'HISTOIRE DE NOS MŒURS

(Nouvelle collection)

COMPTE-RENDU

D'UN

Habitué de Réunions publiques
non politiques

(Février-Septembre 1869)

Tiré à petit nombre

LIBRAIRIE ROUQUETTE
Passage Choiseul, 85

INTRODUCTION

—

« *Les Anglais pensent trop et les Français d'ordinaire ne pensent pas assez... Les plus honnêtes gens du monde, ce sont les Français qui pensent et les Anglais qui parlent.* »

Ce jugement est de Saint-Evremont ; il caractérise à merveille notre défaut capital qui est de discourir sans réflexion. Saint-Evremont s'adressait aux Français de Louis XIV, mais ne sommes-nous pas toujours les Français de Saint-Evremont ?

A l'âge où vient l'expérience des hommes et des choses, on est souvent frappé par la surabondance des propos inutiles tenus dans des compagnies de gens recommandables, cependant par leur esprit, leur savoir et leur éducation. Le bon sens individuel semble réduit alors par le seul effet de l'agglomération. Prenez chacun à part et, s'il a pour vous la confiance d'un ami, vous le trouverez regrettant sincèrement ce qui s'est passé, mais avouant son impuissance à réagir sur l'ensemble. Le travers est donc dans notre tempéramment. Où ses effets choquent le plus, c'est au bas de l'échelle. L'homme peu instruit possède nécessairement à un très-haut degré le défaut dont les classes plus élevées ne sont pas exemptes.

Le lecteur ne saurait donc s'étonner de ce qui peut se dire d'insensé dans une réunion publique où le prolétaire se grise de ses propres paroles, s'exalte au milieu des siens, sans qu'une voix plus autorisée le rectifie et l'éclaire. Tâche moins difficile qu'on ne le croirait, dans un milieu parisien où la contradiction se supporte dès qu'elle est formulée avec un peu d'esprit.

Il est encore une autre cause à ce fâcheux désordre. Plus que toute autre nation, la nôtre, qu'on accuse si mal à propos de vanité nationale, a besoin d'être relevée à ses propres yeux. Non-seulement elle méprise volontiers ses institutions, mais dans les occasions solennelles, elle ne se prend pas toujours au sérieux, elle rit, elle gouaille, elle se moque d'elle-même, et, pour peu que la moquerie s'en mêle, elle fera des tribunes les plus graves des tréteaux sur lesquels monteront, et ils sont nombreux, tous ceux qui bravent le rire dans l'espoir de faire de l'effet.

Les réunions publiques non politiques, dont nous offrons ici le tableau fidèle, ne diffèrent pas sensiblement de toutes celles qui ont été tenues à la fin du second empire. Le compte-rendu que nous en donnons est inédit ; il se recommande par la sincérité de ses allures. Nous en possédions le manuscrit avant la guerre, et les événements qui se sont produits depuis, rendent cette lecture plus curieuse encore. On y retrouve plus d'un nom qui a retenti dans la Commune ; la colonne Vendôme y est déjà menacée, et un sujet prussien donne un avant-goût des funestes surprises que nous réservait sa nation.

Nous ne voulons pas pousser plus loin les rapprochements. Nous ne croyons pas non plus avoir de grandes conclusions à tirer des égarements oratoires que nous reproduisons ici. Ils prouvent, comme nous l'avons dit en commençant, que nous avons toujours les défauts si justement remarqués il y a deux siècles.

Avons-nous gardé, en compensation, les mêmes vertus ? Nous sommes de ceux qui ne voudront jamais en douter, et nous finirons en répétant cette autre observation de Saint-Evremont, que nous tenons pour également juste :

« Il n'est point de pays où la raison soit plus rare qu'en France. Mais quand la raison s'y trouve, il n'y en a pas de plus pure dans l'univers. »

COMPTE-RENDU

D'UN HABITUÉ DE RÉUNIONS PUBLIQUES NON POLITIQUES.

20 février 1869.

1re Réunion publique rue Nationale, 31, salle de la Belle-Moissonneuse.

La salle est située au premier étage ; elle sert ordinairement à donner des bals ; l'estrade des musiciens a été disposée de façon à recevoir le bureau et les orateurs ; on y accède par une échelle de meunier ayant huit échelons. Une table placée à un bout de l'estrade sert au commissaire de police et à son secrétaire.

A droite, en entrant, un comptoir en étain où des petits verres sont débités.

Au-dessus du comptoir, le buste de Napoléon III ; de chaque côté du buste un drapeau tricolore.

A la porte, deux huissiers en blouses bleues avec des brassards rouges, disent à ceux qui entrent : « N'oubliez pas les frais de la salle ».

L'assistance est au complet. Il y a près de 800 personnes; les blouses sont en majorité. Pas un chapeau, excepté ceux du commissaire de police et de son second.

Dans le milieu de la salle, une sorte de claque est établie. Un individu très-grand, à forte moustache blonde, à cheveux chatain foncé, dirige cette claque et semble être chargé de faire les interruptions.

Sujet en discussion : *De l'éducation et de l'instruction.*

Le président Nostag (on dit que son vrai nom est Buffier) donne la parole à Kauffmann.

Cet orateur a un accent germanique très-prononcé. Il dit que les jésuites sont de la canaille, qu'il n'en peut pas dire davantage parce qu'ici la liberté manque, et comme il avoue être sujet prussien, il fait naturellement l'éloge des libertés prussiennes. Il conclut en ces termes : « La gloire militaire n'est que la passion des bêtes féroces. » (Applaudissements sur le signal donné par l'homme à la moustache blonde, et premier avertissement du commissaire de police).

A Kauffmann succède le président Buffier.

Il désire l'éducation libre comme la voulait Maximilien Robespierre. « Il ne faut plus être les bouchers de l'humanité comme sous l'empire de Napoléon I". Plus de despotisme! Il faut s'unir contre cette horde romaine qui vient le goupillon d'une main et des chaînes dans l'autre. » (Applaudissements).

Le citoyen Lemaire a la parole ; il paraît irrité et termine un long discours par ces mots :

« Les catholiques et les aristocrates craignent l'instruction, et du haut de leurs calèches ils écrasent le pauvre monde. Plus de servage! il faut porter le coup de mort à toutes les religions. Plus de charlatans qui ne croient pas eux-mêmes à ce qu'ils prêchent.— Plus de chassepots!!! »

Le commissaire ne paraît pas satisfait ; il donne un deuxième avertissement au bureau.

Après le citoyen Lemaire paraît le nommé Lentz. Il déclare ne vouloir insulter personne, ni patrons ni ouvriers. Il est content des réunions publiques que l'Empereur...

A ces mots, déchaînement dans la salle, l'homme à la forte moustache s'écrie : « Allez vous faire f..... avec votre Empereur ! » (Violentes interruptions.)

Le président recommande le calme. On applaudit à outrance. L'homme à la moustache s'écrie :

« C'est plus fort que nous; c'est nos cœurs qui parlent ! »

Là dessus, la parole est retirée à Lentz, sous prétexte qu'il n'est pas dans la question, et la séance est ainsi terminée.

---

27 février 1869.

2ᵉ Réunion publique.
Même salle et même sujet.

L'assistance est plus nombreuse encore et plus agitée. Une cinquantaine de femmes ont envahi les embrasures des croisées, elles se tiennent debout.

Cantagrel est nommé président; il lit et commente la loi sur les réunions publiques, puis il donne la parole au citoyen Frutel.

L'orateur a horreur des insurrections, il frémit en voyant la colonne de la Bastille. Son discours est terminé par une invocation à l'Empereur...

Nostag, répondant à Frutel, déclare que ce citoyen a, dans son discours, insulté les trois grandes époques: 1789 - 1830 - 1848, dont nous sortons tous. (Applaudissements.)

Fribourg prend alors la parole, il paraît très-animé et il dit que quand il voit une sombre colonne, ce n'est pas celle de Juillet, celle-là représente la liberté, mais c'est l'autre (la colonne Vendôme).

Le commissaire donne un premier avertissement.

Fribourg reprend et dit que puisqu'il ne peut pas parler de *colonne*, il va entretenir l'assemblée de César qui avait juré fidélité à la République, mais qui, pour tenter d'être empereur, viola son serment. Heureusement qu'il rencontra un Brutus pour le lui rappeler en lui plongeant un poignard dans le cœur. (Interruptions.)

Il critique ensuite la charité qui est abaissante, humiliante. Il réserve sa colère pour ceux qui abaissent le peuple, et si pour le moment il abandonne la question, c'est qu'il voit dans une perspective noire les grilles d'une prison. Sans cela, il dirait qu'un prêtre est un homme qui n'a pas voulu se salir les mains à un métier manuel, et qui a voulu qu'on lui servît la pâtée.

Kauffmann prend la parole, se déclare sujet prussien et libre penseur. Selon lui, *ignorantin* veut dire *ignorance*, et il a découvert, sans beaucoup chercher, chez les ignorantins des trésors d'ignorance.

La chaleur devient telle que l'orateur est obligé de s'arrêter. Il porte une énorme cravate rouge qu'il défait. Le président prie d'ouvrir les croisées.

Lajotte monte à la tribune. Il parle longuement des punitions infligées par les ignorantins : la savate, les coups de lanières, le manche à balai, singulier trépied sur lequel ils font asseoir les enfants pendant des heures entières. En fait de trépied, l'orateur ajoute qu'il ne connaît que le trépied de 1789 où l'on brûlait l'encens pour les libertés.

Le président termine en invitant

les femmes à venir en plus grand nombre aux réunions. La suite de la discussion sur l'éducation et sur l'instruction est remise à huitaine.

---

6 mars 1869.

3ᵉ Réunion publique,
Même salle et même sujet.

Salle comble. Beaucoup plus de femmes que dans les réunions précédentes. Presque tous les hommes fument la pipe, ce qui épaissit beaucoup l'atmosphère.

Nostag est nommé président. Il déclare que, depuis quelques jours, les obstacles s'amoncellent en ce qui concerne les réunions qui deviennent difficiles. De plus, bien qu'on ait augmenté le prix de la salle à la dernière séance, on a reçu à peine assez pour couvrir le prix de location. Mais il ajoute que, dans le cas où cette salle viendrait à manquer, on en a une autre en vue.

Kauffmann a la parole. Il annonce qu'il est très-affecté d'avoir entendu dire qu'on le voyait toujours au bureau (en effet il est nommé assesseur pour la troisième fois). En outre on a répandu sur lui des insinuations perfides « auxquelles il n'oppose que le silence du mépris ».

Beaufils succède à Kauffmann, c'est un enfant de seize à dix-sept ans. Il a un ruban rouge au bras gauche. Il s'excuse sur son peu d'instruction ; il s'écrie, après avoir parlé des fourneaux économiques : « Faisons nos efforts pour devenir un peuple libre, démocratique et social. » (Applaudissements.)

Rousseau prend la parole. Il a

dit-il, été mis chez les ignorantins, s'il avait reçu une autre instruction, il pourrait parler comme Jules Favre... « Si des individus se font frères, c'est pour ne pas être soldats; et sous l'habit des frères il n'y a que du sang mort, *du sang de navets* (bruyante approbation) ; cependant ils ne sortent pas d'un autre trou que les autres. » (Approbation nouvelle.)

Le commissaire de police donne un premier avertissement; mais on crie dans la salle que « le mot est bon », et Rousseau continue en disant qu'il va terminer parce que... (Ici l'orateur s'embrouille, et l'hilarité est au comble dans l'assemblée.)

Kauffmann reprend la parole. En sa qualité de sujet prussien, il fait l'éloge des soldats de son pays qui se sont très-bien conduits dans les dernières campagnes. Cela tient,

dit-il, à ce qu'ils sont plus ins-
truits que les soldats français qui
commettent à chaque instant de
véritables actes de *cannibalisme.*
(Interruption.)

Le président Nostag invite l'assemblée à faire passer l'interrupteur au bureau.

Une voix: « C'est un mouchard! »

Une autre voix: « A la porte le
roussin! »

Ourier monte à la tribune, il
parle avec véhémence : « Le Christ
est mort, dit-il, saluons ce grand
citoyen. » — En 1856, dans son
village, des hommes roux qui res-
semblaient à des hiboux sont pas-
sés ; ils faisaient des conférences et
ils allaient dans les maisons pour
recommander de leur envoyer des
femmes ; ils blasphémaient les ré-
volutions de 1789 à 1848 ; c'étaient
des démons! Il faut exterminer
cette bande-là, « maintenant qu'un

soufre (souffle) régénérateur va par-
tir bientôt de tous les points de la
France! »

Budaille demande à parler. Ce
citoyen porte une longue barbe, il
est coiffé d'un bonnet rouge et il
a un brassard rouge au bras gauche. Il se décoiffe et dit à haute
voix en montrant son bonnet : « Je
l'ôte devant le peuple ! »

(Vifs applaudissements.)

Il critique Kauffmann qui fait
du chauvinisme à la prussienne,
il veut lui donner une leçon d'histoire, bien entendu, et il défend
les soldats français.— « Les soldats
prussiens obéissent encore à des
cadets de famille. Quand ils auront
fait un 89, nous verrons si la
Prusse est au-dessus de la France.»

Puis, voulant parler sur la question, il critique amèrement le cé-
libat des prêtres et des sœurs; la
vie ne peut être que dans l'homme

qui vit avec une femme ; puis il s'écrie : « Malheur à l'isolé ! *Væ soli !* »

A ces paroles qui prêtent au calembour, un rire général s'empare de la salle, on a compris *vesse au lit.*

Budaille ajoute qu'il n'est pas bonapartiste, mais bien républicain, qu'il ne craint pas *Pélagie* (la prison). Il ne craint pas non plus les orateurs de la rue de Jérusalem ; mais il demande de l'énergie aux citoyens présents.

Kauffmann redemande la parole pour répondre au citoyen Budaille : « Je suis sujet prussien, et le citoyen qui vient de descendre a lancé contre moi des insinuations perfides. Je ne suis pas orateur de la rue de Jérusalem ; je suis établi cartonnier rue Saint-Maur, au coin de la rue du Faubourg-du-Temple. »

Guillouchet termine la séance (il a tout au plus dix-sept ans). Il ne veut pas dire un mot des jésuites, car il craindrait de se salir la bouche. « Seulement, avouons-le, chers citoyens, avec l'instruction actuelle nous ne serons jamais que de la chair à canon. » (Applaudissements.)

La suite de la discussion est remise encore à huitaine.

----

13 mars 1869.

4ᵉ Réunion publique,
Même salle et même sujet.

Mille personnes présentes ; une centaine de femmes.

A 8 heures 1/2 la séance est ouverte. Nostag, président ; Kauffmann, assesseur.

Le premier orateur inscrit est le

cıtoyen Brossard, âgé de 18 à 20 ans. Il n'a pas eu le temps d'étudier. Il prie l'assemblée de l'excuser de se servir d'un « livret de mémoire », et lit un long discours.

D'après ce qu'on entend de cette lecture, « le malheur pèsera sur celui qui n'a pas un père, un citoyen pour combattre les jésuites, aux émanations malsaines, qui ne sont que des cadavres vivants. Cinq cents hommes sans armes sont-ils assassinés, ils s'en frottent les mains... Ce sont des vampires apostoliques et sociaux... Voilà mon opinion, chers citoyens! »

Guillouchet succède à Brossard (il est à peu près de même âge que lui).

Il commence par ces paroles : « Vous venez d'entendre un enfant du peuple, vous allez en entendre un autre ; mais pardonnez-moi si e fais des *cuirs*, j'ai fait mes études sur les bancs des écoles des frères où la prière était tout. »

Il rappelle à sa façon les grands traits de l'histoire de France. Il cite notamment Bara qui, à l'âge de douze ans, battant le tambour d'une main, portant le drapeau de la liberté de l'autre, refuse de crier : Vive le roi ! Et, c'est ayant vingt baïonnettes sur l'estomac qu'il cria : Vive la République ! (Longs applaudissements.)

Arrivant à 1848, il cite la mort héroïque des représentants ;... mais un avertissement du commissaire de police l'arrête tout court, il descend de la tribune.

Kauffmann se lève en protestant contre l'avertissement du représentant de l'autorité ; il soutient avec beaucoup d'animation que l'orateur était dans la question, et que le commissaire de police a violé la loi.

A ce moment, le commissaire de police se lève; mais le citoyen-président Nostag se dresse à son tour et s'écrie : « Je lève la séance !»

Le commissaire lit un article de loi qu'un tapage indescriptible empêche d'entendre. Tout le monde parle à la fois. On crie : « Vive la liberté ! »

Il est 9 heures, on quitte la salle : le commissaire de police et son secrétaire sortent les derniers.

Le lendemain, paraissait dans certains journaux la note ci-après :

« Les citoyens soussignés ayant
« assisté à la réunion publique
« tenue dans la salle de la Belle-
« Moissonneuse, 31, rue Nationale,
« le samedi 13 mars 1869, réunion
« qui a été dissoute par le com-
« missaire de police, déclarent que
« l'assemblée est toujours demeu-
« rée parfaitement calme, qu'en
aucun moment il ne s'est mani-

« festé le moindre tumulte, que
« nul orateur ne s'est écarté de
« l'ordre du jour et que la disso-
« lution n'a été qu'un acte de pur
« arbitraire.

« Certifié par tous les membres
« de la réunion :

« J. Nostag, président; Kauff-
« mann, secrétaire, 128, rue Saint-
« Maur. »

---

20 mars 1869.

5e *Réunion publique, avenue
d'Italie, 27.*

Le local de la Belle-Moissonneuse ayant été reconnu, dit-on,
trop petit, la suite de la discussion
de la question : *De l'éducation et
de l'instruction,* a eu lieu le 20 mars
suivant, avenue d'Italie, 27, sous
un vaste hangar laissant pénétrer

l'air extérieur par plusieurs ouver-
tures, de sorte qu'il y fait très-froid,
et qu'on a presque à chaque instant la preuve bruyante de nombreux rhumes dans l'assemblée.

Deux mille personnes présentes.
— Peu de femmes. — La blouse
n'est pas en majorité.

Amouroux est nommé président;
mais l'assemblée refuse Budaille
comme assesseur.

Le président recommande le
calme et la modération, quoi qu'il
arrive.

Le nommé Roussel a la parole,
il vante la réunion qu'il appelle :
réunion de la fraternité, et la salle
est aussitôt baptisée de ce nom.
Son discours ne s'écarte pas des
limites de la discussion; il parle
de l'éducation et de l'instruction
en homme qui s'y entend.

Le citoyen Fribourg lui succède,
il n'approuve pas le discours de

Roussel, il est matérialiste et ne veut rien demander à cette machine infernale qu'on appelle un gouvernement.

Budaille remplace Roussel. Il débute par un apologue où il est question d'un jeune homme, d'une ficelle et d'un morceau de pain. Fribourg se fâche contre l'expression de *ficelle*, et une discussion des plus vives a lieu, ce qui oblige le président à lever la séance en annonçant une conférence qui sera donnée dans la rue de la Gaîté, par le sieur Geoffroy, ancien employé de la préfecture de la Seine, révoqué pour avoir parlé dans les réunions.

27 mars 1869.

6° *Réunion publique, avenue d'Italie, 27, — Toujours pour traiter
de l'éducation et de l'instruction.*

Cette fois, il est question de fon-
der une société coopérative d'enseignement.

Près de deux mille individus
présents. — L'élément ouvrier do-
mine. — Peu de femmes.

Nostag est nommé président. Il
annonce qu'on discutera, article
par article, les statuts de la société
coopérative pour l'enseignement
libre et laïque. Plusieurs orateurs
sont inscrits.

Fribourg ne veut pas de tolérance;
c'est un vilain mot; il veut tout
pour le droit. « Si l'on donne le
pouvoir à un homme, c'est un

tyran, il n'en faut plus. » (On applaudit.)

Geoffroy repousse également l'au-
mône et la tolérance. Il veut l'éducation purgée de tout élément
clérical. « Plus de catéchisme, plus
d'histoire sainte, et surtout plus
de livres approuvés par l'archevêque
de Tours. Il faut aussi une histoire
de France refaite, parce qne dans
l'époque actuelle certaines dates
font horreur... (Applaudissements).
En continuant d'apprendre dans
l'histoire écrite de nos jours, citoyens, nous marchons tout droit
à l'abêtissement de la race hu-
maine. »

Beaufils ne veut pas de l'instruction donnée par des gens qui
font regarder en l'air pendant
qu'ils fouillent dans les poches. —
Avec la religion, c'est ce qu'on
fait. » (Interruptions, cris, sifflets,
cris : *à la porte !*)

Deux individus amènent un ouvrier ivre qu'on dit être l'interrupteur. Dans la salle, on crie : « à la tribune ! »

L'individu amené déclare se nommer Eloi. Il prononce quelques paroles avec une véhémence extraordinaire. Il provoque une hilarité générale. On croit comprendre qu'il veut parler de Budaille. Le président déclare qu'il ne comprend rien à ce discours. — Plusieurs voix dans la salle : « Il est saoûl ! Il ne sait pas lui-même ce qu'il veut dire. »

On lui retire la parole ; mais il s'obstine. Alors, il est vivement expulsé par les deux hommes qui l'ont amené à la tribune, et qui portent, en leur qualité de commissaires, des brassards rouges au bras gauche.

Le président donne lecture de l'article 1ᵉʳ des statuts. Pendant ce temps, le froid fait sortir un grand nombre d'assistants, et la séance est levée à 9 heures 1/2.

---

3 avril 1869.

7° Réunion publique.
Même salle et même sujet.

Moins de monde : 400 personnes tout au plus. — Peu de femmes.

Le président Nostag lit les diffé-rents articles des statuts toujours ~our la création d'une société co-opératrice d'enseignement. — Les orateurs se succèdent et l'on décide que la société n'aura pas de prési-dent et que les citoyennes ne pourront pas faire partie du con-seil, ce qui provoque des réclama-tions féminines dans la salle.

Il fait très-froid. La discussion est peu intéressante. On sort à chaque instant.

10 avril 1869.

8ᵉ Réunion publique.

Même salle et même sujet.

Dans cette salle ou hangar où se tient l'assemblée, une écurie a été installée à l'aide de cloisons en planches.

Au dessus de l'écurie, des espèces de chambres également en planches, où couchent des palefreniers. — Un réduit en briques servant de bureau au citoyen Nostag. Dans le fond du hangar, une voiture est remisée. De temps en temps, on entend les chevaux renâcler et agiter leurs grelots.

Douze cents personnes présentes. — La blouse coudoie le paletot. — Une centaine de femmes sont disséminées dans l'assemblée.

Le citoyen Bacot est nommé président. Il annonce l'avant dernière discussion sur la question de l'éducation et de l'instruction.

Nostag termine la lecture des statuts de la société future d'enseignement.

Quelques articles sont discutés par plusieurs orateurs.

On entend des interruptions. puis ces mots : » *Tais ta gueule, espèce de muffle!* » puis on expulse un ivrogne.

Geoffroy dit que l'éducation cléricale forme des hommes nuls, que l'éducation officielle forme des hommes qui se font décorer et qui vont d'un côté et d'un autre, tels que About et Dumas.

Un avertissement du commissaire de police empêche l'orateur de continuer des personnalités, et la séance se termine vers dix heures.

17 avril 1869.

Dernière séance à la salle de la Fraternité, sur la question de l'instruction et de l'éducation.

Le hangar a changé d'aspect. Il y a d'abord une écurie de plus. A gauche de l'entrée, au-dessus de cette écurie, un nouveau grenier à fourrages. A droite de la porte le bureau Une crêche vis-à-vis de l'estrade. Et dans le fond, près d'un puits non fermé, un entrepôt de gros objets, parmi lesquels figure une énorme cuve en métal.

Nostag est toujours le président. Il ouvre la séance à 8 heures 1/2. Dix-huit cents personnes l'attendent; près de deux cents femmes et pas mal d'enfants. Il remercie l'assemblée de l'honneur plus en plus difficile de présider les assises populaires, et comme il est impossible aujourd'hui de traiter certains sujets, il parlera prochainement de la décadence de la crinoline en France.

Fribourg prend alors la parole et dit que, entraîné par ce noble exemple, il traitera bientôt la question de l'art d'élever les lapins, et de s'en faire trois mille francs de rente. Comme cela il n'éveillera pas les susceptibilités de ceux qui les surveillent.

Geoffroy annonce que la première assemblée générale pour la formation de la société sera fixée dans quelques jours, et que des bulletins d'adhésion seront distribués à la sortie.

Allix prend la parole, et, pour rester dans la question, il déclare que la science moderne a démontré que les éléments se composent de quinze gaz.

Geoffroy répond que le citoyen

Allix n'est qu'un ignorant, et un vive discussion s'engage sur les éléments.

Allix murmure, Geoffroy le prend de très-haut. Le président Nostag, pour y mettre un terme, s'écrie : « Citoyens, ne sortez pas de la question. »

La séance se termine ainsi, en annonçant toutefois pour le vingt-quatre une réunion ayant pour but de traiter de l'hygiène sociale.

En sortant, l'on remet à chaque citoyen un bulletin ainsi conçu :

Société coopérative d'enseignement libre et laïque du quartier des Gobelins.

N° d'ordre.   Adhésion.

Je soussigné déclare adhérer au projet de statuts de la *Société coopérative d'enseignement libre et laïque du quartier des Gobelins,* tels qu'ils ont été établis par le comité provisoire de cette société et m'engage à verser la somme de cinq francs à la caisse de la société, aussitôt que l'assemblée générale l'aura décidé, et au plus tard dans les dix jours qui suivront cette décision.

(Faute de faire ce versement dans ces limites, la présente adhésion sera annulée.)

Paris, le..... 18...

M...

Profession de...

Demeurant...

(Remplir, signer cette adhésion et la remettre à M. J. Nostag, membre du comité de la société, 27, avenue d'Italie.)

Lith. Godard-Verge jeune, 98,
avenue d'Italie.

24 avril 1869.

Salle de la Fraternité.

Question à l'ordre du jour : l'hygiène sociale.

Voici le résultat de cette séance du 24 avril 1869, où assistaient douze cents personnes parmi lesquelles se trouvaient beaucoup de femmes.

Le citoyen Tupin a la présidence. Il déclare à l'assemblée qu'il jouit de tous ses droits civils, n'ayant jamais subi aucune condamnation, et qu'il faut se comporter honorablement afin d'éviter une dissolution.

La parole est donnée à Cousin qui avoue n'avoir aucune connaissance médicale pour traiter de l'hygiène. Il demande à l'assemblée la permission de parler du pot-au-feu parisien (Oui! oui! dans la

salle); mais pour y arriver il faut
parler de la Chine où l'ouvrier
gagne suffisamment pour entretenir sa famille. Il y a bien des
mandarins à une, deux, et trois
queues; ceux-là font respecter les
citoyens. Il termine son discours
en invitant les personnes présentes
à faire comme l'Anglais de la fa-
ble (?), « à boire les petits Chinois! »
Une voix dans la salle : « Chinois
vous-même! » (Cris : « A la porte
l'interrupteur! — Tumulte.)

Le président se lève et invite
l'assemblée au calme, attendu que
le commissaire a le droit de dissoudre l'assemblée, et il n'y man-
quera pas, car il peut selon son
bon plaisir appeler tumulte des applaudissements bruyants ou même
l'hilarité.

Allix prend la parole. Il n'avait
pas l'intention de parler, car le
sujet en discussion est grandiose,

et l'autorité n'aura pas grande
difficulté à dissoudre la réunion.
Du reste, au premier avertissement
il se taira. Il parle beaucoup et de
tout. Quant à l'hygiène il n'en
est point question. « Le travail,
dit-il, ne rapporte pas assez. C'est
là une injustice sociale. L'on n'est
pas sûr du lendemain. La pensée
n'est pas libre. Il faut s'affranchir ? »

Ici le commissaire donne un
premier avertissement bientôt suivi
d'un second. Le citoyen Allix per-
sistant à s'écarter de plus en plus
de la question, le président Tupin
se lève et dit : « Chers citoyens, le
commissaire de police a l'intention
bien évidente de dissoudre la réunion. Pour lui éviter cette peine,
moi, *je la dissous.* » Il est 8 heures
5o minutes.

Les réunions publiques non politiques ont été un moment inter-

rompues pour faire place aux réunions électorales où les questions politiques étaient en cause.

Une réunion non politique est annoncée pour le 8 août, à une heure de relevée, dans la salle de bal, à Grenelle, rue Frémicourt, n° 41, on doit y traiter la question des mandats civils et judiciaires.

A deux heures, quinze personnes sont présentes. La salle porte le nom des *Folies françaises*.

Cette salle a quatorze à quinze mètres de long, sur neuf de large. Elle est entourée d'une galerie. Le bureau remplace l'orchestre. Sur les murs ainsi que sur les boiseries il y a des peintures. L'une d'elles représente un invalide à jambe de bois poursuivant une bonne, avec cette légende : « Voyons, Clarisse, est-ce à Romainville ou à Pantin que vous allez; avec vous on ne sait jamais sur quel pied danser! »

Puis un voltigeur de la garde aux genoux d'une paysanne; il a le sabre à la main : « Tenez, mamselle Louise, puisque vous ne voulez point m'aimer, je veux me percer à vos pieds comme une m....!!!

Vient ensuite un tableau représentant un vieux bonhomme avec un lorgnon, s'adressant à une femme travestie. La légende porte ceci : « En voyant ce front si pur, cette bouche si fraiche, il est impossible de ne point croire à la vertu. — Vous m'insultez, mossieu ! »

Et enfin, au plafond, l'on aperçoit un pêcheur amenant au bout de sa ligne un noyé.

Il est deux heures et demie.

La séance n'a pas lieu faute d'assistants.

— 45 —

24 août 1869.

Réunion publique, 28, place du Trône, dans le local du citoyen Budaille. Question à l'ordre du jour : *Vrai socialisme et progrès effectifs.*

C'est là que Budaille tient son école. Elle se compose de quarante bancs sur chacun desquels peuvent s'asseoir dix personnes. Autour de ces bancs, il est facile de faire tenir debout deux cents personnes. Devant les bancs on a organisé une sorte de scène avec de vieux décors. Sur un fronton sont inscrits ces mots : *Salle de la jeune Gaule.* Au dessous, dans des écussons, sur une seule ligne, on lit ces mots : *Liberté.— Vercingétorix.— Egalité. — Baudin. — Fraternité.*

Plus bas, de chaque côté de la

scène, sont peintes deux folies, l'une dansant avec un tambourin, l'autre tenant un triangle au-dessus de sa tête.

Douze lampes de pétrole éclairent cette salle.

Sur la scène, une table recouverte d'un tapis en moquette à dessins blancs sur fond rouge. En face des membres du bureau, une serge verte protége le tapis.

A neuf heures, cinquante personnes : trente-et-un hommes, treize femmes et six enfants.

Impossible de trouver un président et des assesseurs. Enfin, le citoyen Audoineau se décide, bien qu'il ait oublié sa cravate, et il donne la parole à Budaille, qui explique pendant deux heures sa théorie sur le vrai socialisme. Il trouve des erreurs profondes dans les ouvrages de Cabet, Proudhon et Louis Blanc. Il vient sonner le tocsin afin de rechercher le vrai socialisme. Il critique la chambre des notaires, corporation dont on pourrait se passer et qui n'est autre qu'une association faite pour exploiter la clientèle.

A ce moment, Budaille prend une prise de tabac en disant qu'il a contracté cette habitude en prison, où l'on fait ce que l'on peut pour se consoler ; on fume..., on prise... Puis il reprend en citant plusieurs passages d'une brochure de M. Paget-Lupicin, un excellent citoyen, déja condamné cinq fois pour délits politiques. Il conseille aux ouvriers, pour s'emparer du capital, de faire payer le plus cher possible ; aux cultivateurs, de garder les grains dans les greniers et les bœufs dans les étables.

Le citoyen Chatelain demande au préopinant, qui a fait un exposé si éloquent de son socialisme, comment il fera pour rendre le travail attrayant.

Le citoyen Budaille remercie son interpellateur et se charge d'indiquer les premiers remèdes à employer pour faire cesser la misère. Il veut l'ouvrier possesseur de ses outils, de sa production. Lui même travaille avec cœur à la tribune ; mais il serait malheureux de travailler pour un maître ; il préférerait vivre de la vie de sauvage et aller chez les Peaux-Rouges manger des glands.

Châtelain prie alors Budaille de traiter des progrès effectifs

Budaille lui répond qu'il considère comme un progrès, non pas le chassepot, mais la vapeur, les chemins de fer.

L'impulsion est partie de 1848 : on avait la liberté, espérons qu'elle reviendra. »

« Il termine la séance en distribuant une certaine quantité de brochures à couvertures rouges intitulées : *La Révolution et les réactionnaires*, par Théophile Budaille. Sur chacune il est écrit une dédicace; et à ceux qui veulent payer il répond : « vous donnerez ce que vous voudrez à la sortie. »

---

3 septembre 1869.

Salle des Folies-Belleville.

Question à l'ordre du jour : *Du droit de punir.*

La politique, comme toujours, doit être étrangère à l'affaire. Tout pour l'économie sociale et par l'économie sociale.

Huit cents personnes présentes, tant hommes que femmes et enfants.

Ducasse est nommé président à

l'unanimité. Il prend la parole et
discute le droit de punir ; il ne
veut plus de répression, et dit :
« Le jour où la punition sera rayée
de nos codes, où nos bastilles
seront démantelées, où les écoles
auront remplacé les prisons, le
droit de punir sera devenu en fait
ce qu'il est devenu en droit, une
fille de la barbarie. »

Le président donne ensuite la
parole au baron de Ponin ; il se
reprend aussitôt pour dire « au citoyen de Ponin. »

Ce dernier déclare qu'il est heu-
reux que le président ait rectifié le
titre ; il n'est pas baron, mais bon
citoyen. Il veut la responsabilité
des actes, et cite comme exemple
du bien et du mal un enfant de
quatre à cinq mois qui sait qu'il
fait mal en cassant sa poupée,
parce qu'il y avait là une œuvre
d'art, une œuvre de travailleu

(Rires nombreux. — Murmures.)
Donc, dit-il, dans le droit de
punir est l'avenir de la société.
Il y a des crimes qui demandent
vengeance. »

La citoyenne Pire paraît à la tribune. Agée d'une trentaine d'an-
nées, coiffée en cheveux, vêtue
d'une robe grise, elle lit un discours. Elle critique les abus, en
reconnaissant que la société a le
droit de punir, mais qu'elle appli-
qué mal ce droit. Elle cite notamment ces malheureuses qui sont le
rebut de la société; au moindre
méfait, la loi les frappe, et lors-
qu'on a besoin d'ouvrières dans
les prisons, on redouble pour elles
de sévérité. « Soyons donc libres et
ne formons qu'une famille comme
en Amérique, en Suisse, en Espagne. »

Le président fait observer à la
citoyenne Pire que l'Espagne ne

doit pas être comprise parmi les nations libres, puisqu'elle dispute encore pour le choix des tyrans. *(Salves d'applaudissements.)*

La parole est au citoyen Fabert. Il critique la comparaison du jouet cassé par l'enfant, émise par le citoyen Ponin : Si l'enfant qui casse sa poupée regrette l'acte, c'est parce qu'il craint le châtiment de la mère. »

Il demande le jury pour tous les délits comme il existe déjà pour les crimes, l'abolition de la peine de mort, car les jours d'exécution, l'assistance est composée de femmes qui n'ont pas de nom, et d'hommes qui ne valent pas mieux qu'elles.

Mantet combat les idées de Fabert ; mais il remonte aux lois de Moïse et de Mahomet. Son discours est diffus et n'est écouté qu'avec impatience. Il parle du règne végétal, du règne minéral et du règne animal. (*Interruptions.*)

L'orateur quitte la tribune, et le citoyen Bibal lui succède. — « Il faut, dit-il, que l'homme soit responsable. Sans cela, il sera comparé aux animaux féroces à qui l'on donne la pâtée au Jardin des plantes. En effet, il existe une différence entre Dumollard et Baudin ! (*applaudissements*) autant qu'entre une femme qui empoisonne son mari et ses enfants, et celle qui passe la nuit à veiller au chevet du lit de son mari ou de son enfant malade. C'est la société toute entière et non un groupe d'individus qui a le droit de décréter les peines. La mère qui vole un morceau d'étoffe pour vêtir son enfant n'est pas coupable. »

Deux avertissements sont donnés au bureau. Ils sont couverts par des applaudissements et des bravos.

Leroux déclare qu'en France le vol est puni sévèrement tandis que chez l'Arabe c'est une qualité. Il parle de se servir du poignard pour repousser l'oppression.

Le président Ducasse interrompt l'orateur et lui dit qu'il n'est pas dans la question. Leroux se retire en s'écriant: « Quand on a comme moi le courage de violer la loi, on peut en supporter les conséquences. »

Il descend de la tribune.

Dumont, un des assesseurs, demande quel est celui du voleur ou du volé qui a le droit de punir. Il parle des coutumes du Beauvoisis où le mari a le droit de châtier sa femme jusqu'à mort. Il cite Héloïse qui fut plus d'une fois fustigée par Abeilard pour une chose que les femmes accordent ordinairement sans être fouettées.

Le président lève la séance en

avertissant les citoyens qu'il y a ce soir un déficit de vingt francs dans la caisse et que si cela continue on sera obligé de cesser les réunions; il engage à verser quelque chose en sortant.

***

10 septembre 1869.

Salle des Folies-Belleville, 8, rue de Paris. Continuation de la discussion sur *le droit de punir.*

La séance est ouverte à 8 h. 35. La salle contient près de neuf cent personnes, et il en entre encore.— Beaucoup de femmes.— Des chiens circulent dans la salle.

Le citoyen Poirier est nommé président.

C'est la citoyenne Pire qui ouvre la séance par un discours qu'elle lit: « Le droit de punir est un abus de la force. Voyez Néron qui faisait conduire ses victimes pour les brûler, et dont il se servait comme de torches pour éclairer ses orgies. Il y a usurpation des hommes à condamner leurs semblables parce que quelques êtres semblent avoir la manie de tuer. Tels sont Dumollard et autres. Sont-ils responsables ? — Non ! — Il faut les garder comme sujets d'études pour les médecins aliénistes. La liberté est l'aspiration naturelle de ce qui vit et respire. Pourquoi ne pas punir le lion du désert et les oiseaux qui chantent..... »

Le citoyen Leval succède à la citoyenne Pire. Il prononce un discours si diffus que des murmures et les mots *assez! assez!* se font entendre. On voit qu'il fatigue l'assemblée. Des interruptions arrivent. Une discussion s'élève au fond de la salle entre deux individus dont l'un porte un brassard rouge; ils commencent à se pousser; des cris se font entendre; les assistants se lèvent; on monte sur les bancs. Le commissaire de police déclare que si le tapage continue il va dissoudre la réunion. Le président, le citoyen Poirier, agite en vain sa sonnette; il est impuissant à dominer le bruit qui devient général et dégénère en tumulte.

Le commissaire de police se lève, lit un article de loi qui se perd au milieu du vacarme; il est 8 heures 5o minutes.

La séance levée, on escalade les banquettes; on envahit la tribune; plusieurs citoyens s'y succèdent en disant que la salle est louée jusqu'à onze heures et qu'il faut rester.

Le commistaire et son secrétaire sont entourés, interpellés. Le représentant de la loi demande le silence et invite les assistants, dans leur intérêt, à se retirer sans bruit.

Plusieurs voix : « Notre intérêt ! On veut donc nous assassiner comme au boulevard Montmartre ! »

Le tapage recommence. C'est alors qu'une brigade de sergents de ville ayant à sa tête un officier de paix, entre dans la salle et la sortie s'effectue.

———

17 septembre 1869.

Salle de Belleville. — Dernière discussion sur *le droit de punir*.

Douze cents personnes assistent à la réunion.

Le citoyen Ducasse est nommé président.

La citoyenne Pire monte à la tribune ; Elle revient sur les discours qu'elle a prononcés et conclut à l'abolition de la peine de

mort.— Le président Ducasse prie
les assistants de ne point fumer à
cause des femmes et des enfants,
et la citoyenne reprend son discours qu'elle termine en disant :
« Il n'a pas été puni celui-là qui
conduisait à la mort des armées
composées de citoyens pour satis-
faire son ambition personnelle. »

Ducasse prend la parole et déclare que la peine de mort est fu-
neste et qu'il la repousse pour tous
les crimes, vols, assassinats ; il la
réserve seulement pour ceux qui
ont commis des crimes envers la
société entière. (Applaudissements
frénétiques.)

Allix succède à Ducasse. Il dit
que le citoyen Ducasse a tort d'a-
vancer que le cœur est un organe
composé d'un trou et de viande :
« C'est faux, archi-faux. Ce qui est
vrai, c'est que le cœur est l'organe
de l'affection et le centre de l'a-

mour. » Il blâme le droit de punir :
« La société n'a pas ce droit et la
souveraineté nationale n'a que le
droit de se préserver. »

Bologne remplace Allix. « Le
peuple, dit-il, a seul le droit de
punir quiconque vient lui ravir sa
liberté et son labeur. »

Douillet pense que la vérité est
une fille perdue par le mensonge ;
que la justice est une pauvre er-
rante qui cherche la vérité ; que
l'injustice est la femme du mensonge ; que le droit de punir est
un enfant séparé de sa mère et de
sa pauvre sœur. Il en conclut que
les citoyens ne doivent pas ouvrir
les bras au droit de punir.

Le citoyen Ducasse, président,
se lève et donne lecture de deux
résolutions pour clore la discussion sur le droit de punir.

La première résolution se termine par ces mots : « La société a

le droit de se préserver des monstres. »

La seconde résolution se prononce pour le jury en toute matière et pour l'abolition de la peine de mort, excepté en cas de crime de lèse-nation.

Ces deux résolutions sont approuvées.

***

24 septembre 1869.

Une dernière réunion dans cette salle des Folies, qui a tant fait parler d'elle, a lieu le 24 septembre 1869, et le sujet à traiter est des plus épineux : *Mariage — Divorce — Union libre.*

Séance ouverte à 8 h. 25 m. — Mille personnes. — Beaucoup de femmes et de jeunes filles de 12 à 16 ans.

Ducasse, président, est pour l'u-

nion libre qui est la véritable mo-
ralité.

Constant Lombard n'est pas partisan de l'union libre qu'il considère comme un concubinage ; c'est
la femme donnée en pâture à
l'homme ; c'est la dissolution de la
famille. Il accepte le mariage avec
le divorce entouré de certaines ga-
ranties qui ne fassent pas du mariage une union libre.

Delorme constate que l'appétit
du sexe est dans la nature ; c'est
l'état des bêtes ; c'est l'attraction
charnelle.

Goulet veut l'union libre ; car
l'amour est un sentiment libre, et
la plupart des unions libres sont
plus respectables que le mariage.

La citoyenne Désirée est pour le
mariage et pour le divorce, sans
maire et sans prêtre. Dès lors qu'on
n'est plus d'accord, pourquoi ne
pas se séparer ? Elle n'est pas com-

muniste! (Oh! oh!) (Ici un chien se met à aboyer; on le chasse.)

La citoyenne Pire: « Plus les liens sont libres, plus ils sont indissolubles. Le mariage est presque inutile. Le divorce n'est qu'un très-petit remède au mariage. — Il faut l'union libre comme celle qui existera bientôt entre tous les peuples. » (Applaudissements.)

Martel, quoique marié, se déclare partisan de l'union libre.

Guinin *n'embêtera* pas les citoyens longtemps. L'union libre pour lui est une aberration ; c'est la prostitution sur une grande échelle. Il ne veut pas d'une mère qui s'est donnée tant qu'elle a voulu. « Si ça vous convient, prenez-le bien ! — Si ça ne vous convient pas, prenez-le mal ! »

Ferlut est célibataire; mais il est partisan du mariage. Le célibataire est un maraudeur. Il demande la suppression des traîneurs de sabre et des jésuites.

Jacquot dit que l'union libre n'est pas la prostitution et la débauche; il vit dans l'union libre et c'est là le vrai bonheur.

La séance est levée à 11 heures, sans aucune solution...

A la sortie, rue de Paris, le dialogue suivant s'établit entre deux auditeurs :

« Sais-tu ce qu'il a voulu dire avec l'union libre?

— Non !

— C'est toi, tu es *collé* avec ta femme; elle te quitte pour un au. tre cornard, et tu te trouves *pla- qué!* * »

---

* *Plaqué*. dans l'argot parisien, veut dire : jeté violemment à terre. — *Collé*, vent dire : attaché sérieusement.

Imp. Moderne, Barthier, dr, r. J.-J.Rous. 61

* 9 7 8 2 3 2 9 6 8 4 6 9 7 *